Impressum
Verlag: BABADADA GmbH, Nedderfeld 112 , 22529 Hamburg
Geschäftsführer / Verlagsleitung: Harald Hof
Druck: Books on Demand GmbH, In de Tarpen 42, 22848 Norderstedt

Imprint
Publisher: BABADADA GmbH, Nedderfeld 112 , 22529 Hamburg, Germany
Managing Director / Publishing direction: Harald Hof
Print: Books on Demand GmbH, In de Tarpen 42, 22848 Norderstedt, Germany

Szkoła
School

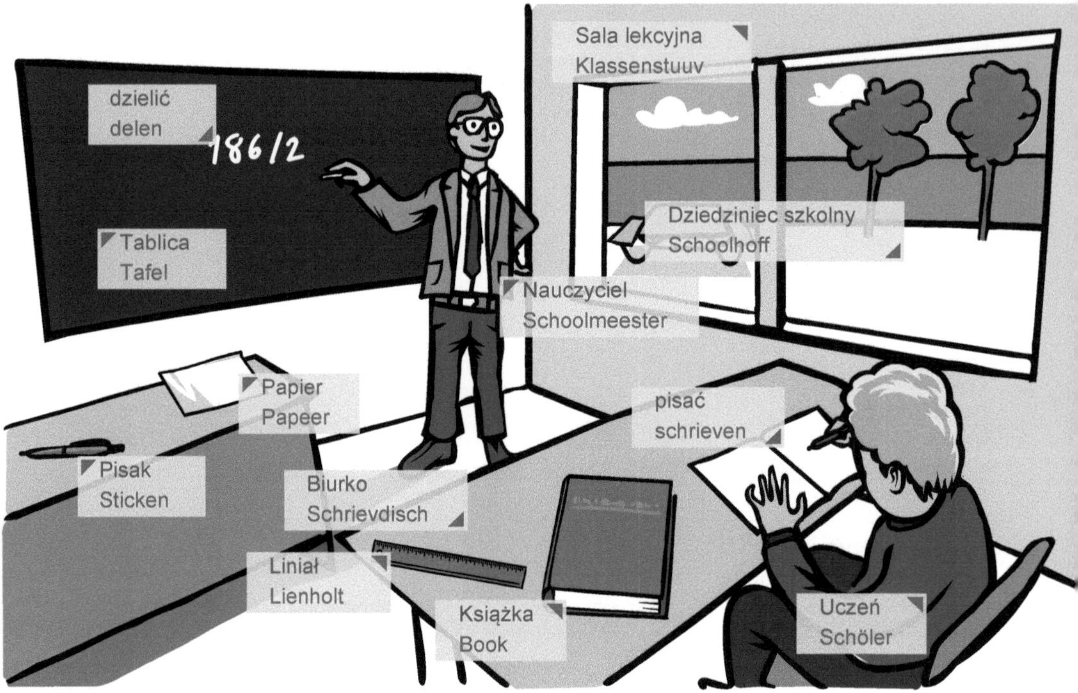
Sala lekcyjna
Klassenstuuv
dzielić
delen
186/2
Tablica
Tafel
Dziedziniec szkolny
Schoolhoff
Nauczyciel
Schoolmeester
Papier
Papeer
pisać
schrieven
Pisak
Sticken
Biurko
Schrievdisch
Liniał
Lienholt
Książka
Book
Uczeń
Schöler

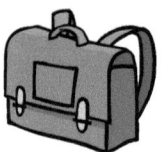

Plecak szkolny

Ranzel

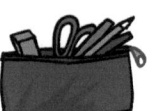

Piórnik

Feddermapp

Ołówek

Bleesticken

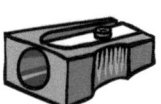

Temperówka

Scharpmaker

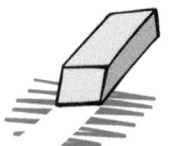

Gumka do mazania

Radeergummi

Blok rysunkowy

Tekenblock

Rysunek

Teken

Pędzel

Pinsel

Pudełko z akwarelami

Malkassen

Nożyce

Scheer

Klej

Klever

Książka do ćwiczenia

Heft to'n Öven

Zadanie domowe

Huusopgaav

Liczba

Tall

dodawać

tohooptellen

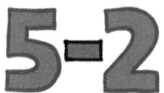

odejmować

aftrecken

mnożyć

malnehmen

liczyć

reken

Litera

Bookstaav

Alfabet

ABC

Słowo

Woort

Tekst

Text

czytać

lesen

Kreda

Kried

Godzina

Stunn

Dziennik lekcyjny

Klassenbook

Egzamin

Pröven

Świadectwo

Tüügnis

Mundurek szkolny

Schooluniform

Wykształcenie

Utbillen

Leksykon

Nakieksel

Uniwersytet

Universität

Mikroskop

Mikroskop

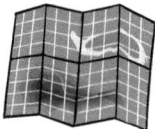

Mapa

Koort

Kosz na odpadki

Papeerkorf

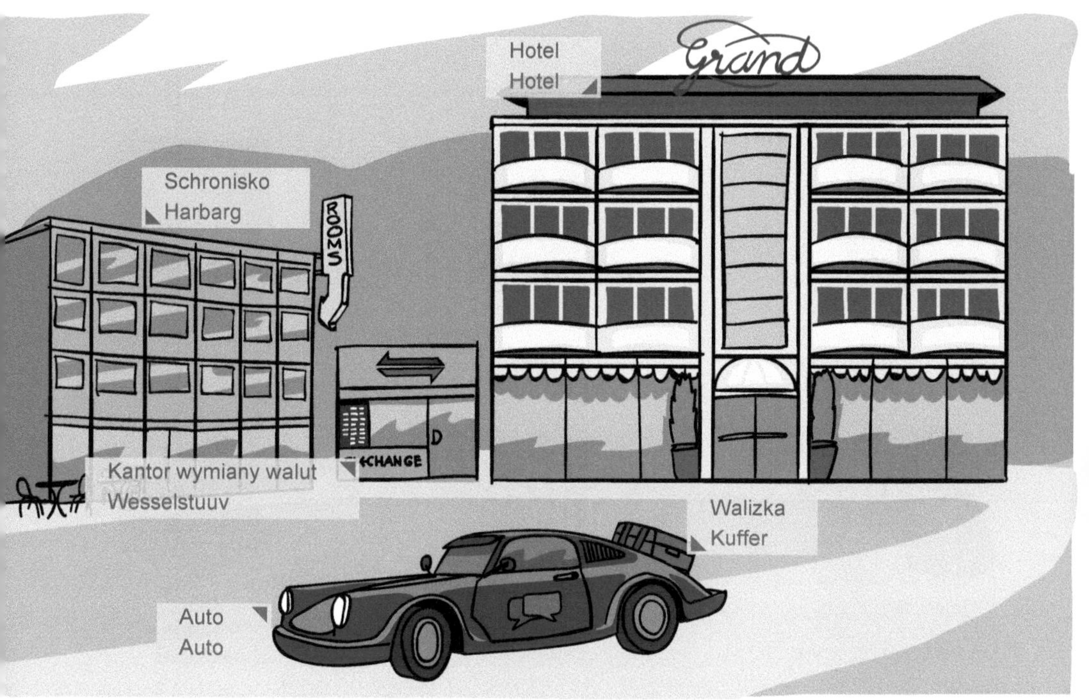
Hotel
Hotel
Grand
Schronisko
Harbarg
ROOMS
Kantor wymiany walut
Wesselstuuv
EXCHANGE
Walizka
Kuffer
Auto
Auto

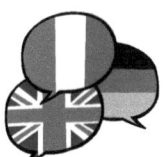

Język

Spraak

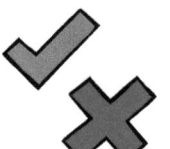

tak / nie

jo / ne

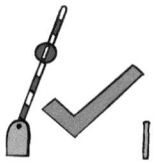

OK

Jo

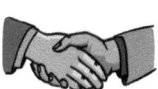

Halo

Moin

Tłumacz

Översetter

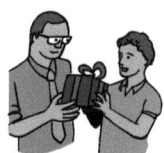

Dziękuję

Dank ok

Ile kosztuje ...?

Wat kost…?

Nie rozumiem

Ik verstah nich

Problem

Problem

Dobry wieczór!

Goden Avend

Dzień dobry!

Moin!

Dobranoc!

Gode Nacht!

Do widzenia

Tschüüs

Kierunek

Richt

Bagaż

Bagaasch

Torba

Tasch

Plecak

Rüchsack

Gość

Gast

Pokój

Stuuv

Śpiwór

Slaapsack

Namiot

Telt

Informacja turystyczna

Touristeninformatschoon

Plaża

Strand

Karta kredytowa

Kreditkoort

Śniadanie

Fröhstück

Obiad

Meddageten

Kolacja

Avendeten

Bilet

Fohrkort

Winda

Fohrstohl

Znaczek na list

Breefmark

Granica

Grenz

Cło

Toll

Ambasada

Bottschop

Wiza

Visum

Paszport

Pass

Transport
Transport

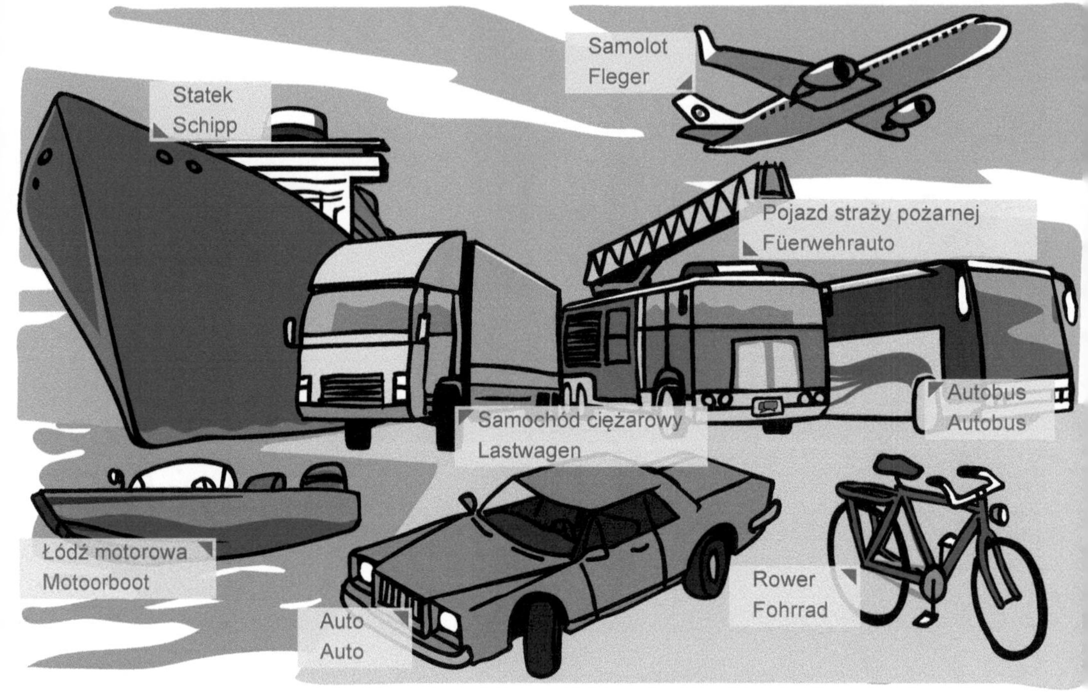
Samolot
Fleger
Statek
Schipp
Pojazd straży pożarnej
Füerwehrauto
Autobus
Autobus
Samochód ciężarowy
Lastwagen
Łódź motorowa
Motoorboot
Rower
Fohrrad
Auto
Auto

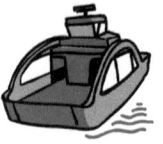

Prom

Fähr

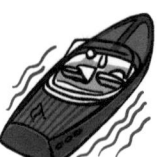

Łódź

Boot

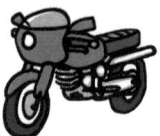

Motocykl

Motoorrad

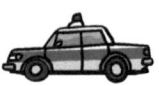

Radiowóz policyjny

Polizeiauto

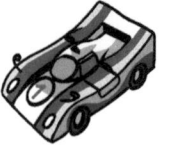

Samochód wyścigowy

Rönnauto

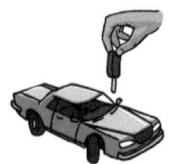

Samochód wypożyczony

Lehnwagen

Wspólne przejazdy
samochodem
Carsharing

Samochód pomocy
drogowej
Afsleepwagen

Śmieciarka

Müllauto

Silnik

Motoor

Benzyna

Kraftstoff

Stacja benzynowa

Tanksteed

Znak drogowy

Verkehrsschild

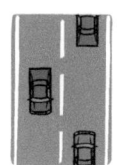

Ruch

Verkehr

Korek

Stau

Parking

Afstellplatz

Dworzec

Bahnhoff

Szyny

Sporen

Pociąg

Tog

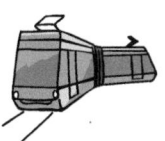

Tramwaj

Stratenbahn

Wagon

Wagon

Helikopter

Dwarsmöhl

Lotnisko

Flooghaven

Wieża

Tower

Pasażer

Fohrgast

Kontener

Grootkist

Karton

Karton

Taczka

Koor

Kosz

Korf

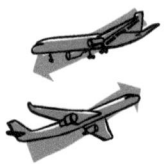

startować / lądować

starten / lannen

Miasto

Stadt

Wieś

Dörp

Centrum miasta

Binnenstadt

Dom

Huus

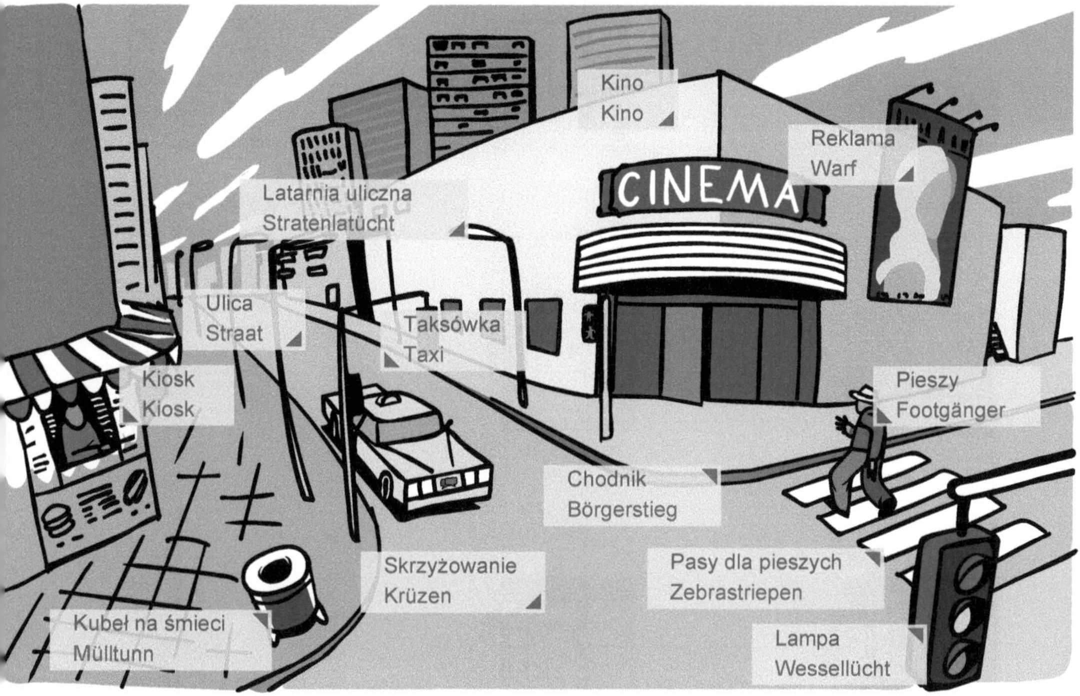

Kino
Kino

Reklama
Warf

Latarnia uliczna
Stratenlatücht

CINEMA

Ulica
Straat

Taksówka
Taxi

Pieszy
Footgänger

Kiosk
Kiosk

Chodnik
Börgerstieg

Skrzyżowanie
Krüzen

Pasy dla pieszych
Zebrastriepen

Kubeł na śmieci
Mülltunn

Lampa
Wessellücht

Chata
....
Hütt

Mieszkanie
....
Wahnung

Dworzec
....
Bahnhoff

Ratusz
....
Raathuus

Muzeum
....
Museum

Szkoła
....
School

Uniwersytet

Universität

Bank

Bank

Szpital

Krankenhuus

Hotel

Hotel

Apteka

Afteek

Biuro

Büro

Księgarnia

Bookhökerie

Sklep

Hökerie

Kwiaciarnia

Blomenhökerie

Supermarket

Supermarkt

Rynek

Markt

Dom towarowy

Koophuus

Sklep z rybami

Fischhökerie

Centrum handlowe

Inkoopszentrum

Port

Haven

Park

Parkanlaag

Ławka

Bank

Most

Brüch

Schody

Trepp

Metro

Ünnergrundbahn

Tunel

Tunnel

Przystanek autobusowy

Busstoppsteed

Bar

Bar

Restauracja

Spieslokal

Skrzynka na listy

Breefkassen

Tabliczka z nazwą ulicy

Stratenschild

Parkometr

Parkklock

Zoo

Deertenpark

Łaźnia

Baadanstalt

Meczet

Moschee

Gospodarstwo chłopskie

Buernhoff

Zanieczyszczenie środowiska

Ümweltversmudden

Cmentarz

Karkhoff

Kościół

Kark

Plac zabaw

Speelplatz

Świątynia

Tempel

Krajobraz
Landschop

Liść
Blatt

Drogowskaz
Wiespahl

Droga
Weg

Łąka
Wisch

Kamień
Steen

Drzewo
Boom

Wędrowiec
Wannerer

Rzeka
Fluss

Trawa
Gras

Kwiat
Bloom

Dolina

Daal

Góra

Barg

Jezioro

See

Las

Holt

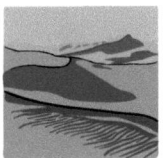

Pustynia

Wööst

Wulkan

Füerspien Barg

Zamek

Slott

Tęcza

Regenbagen

Grzyb

Poggenstohl

Palma

Palm

Komar

Steekmück

Mucha

Fleeg

Mrówka

Miegeemk

Pszczoła

Imm

Pająk

Spinn

Chrząszcz

Sebber

Żaba

Pogg

Wiewiórka

Katteker

Jeż

Swienegel

Zając

Haas

Sowa

Uul

Ptak

Vagel

Łabędź

Swaan

Dzik

Wildswien

Jeleń

Hirsch

Łoś

Elk

Tama

Staudamm

Wiatrak

Windrad

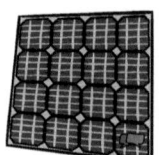

Moduł solarny

Solarmodul

Klimat

Klima

Restauracja
Spieslokal

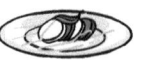

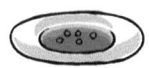

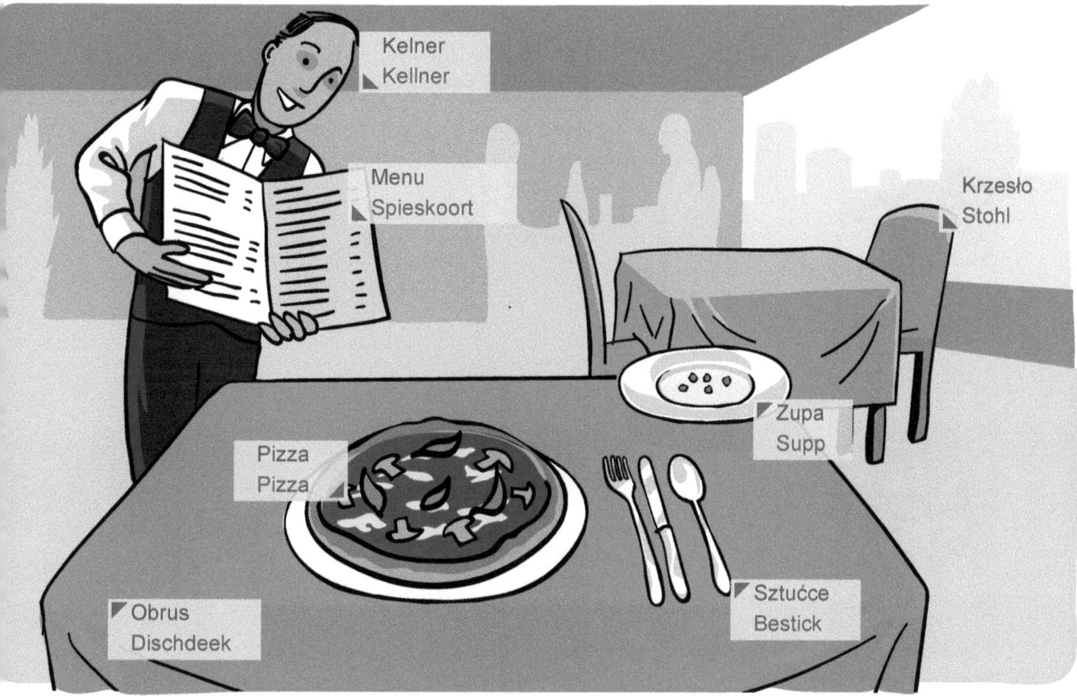

Kelner
Kellner
Menu
Spieskoort
Krzesło
Stohl
Zupa
Supp
Pizza
Pizza
Obrus
Dischdeek
Sztućce
Bestick

Przystawka
....
Vörspies

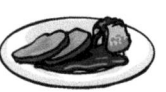

Danie główne
....
Haupteten

Deser
....
Nadisch

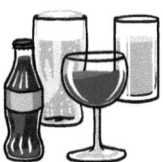

Napoje
....
Drünk

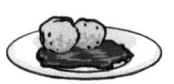

Jedzenie
....
Eten

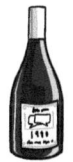

Butelka
....
Buddel

Fastfood

Fastfood

Streetfood

Strateneten

Dzbanek na herbatę

Teekann

Cukierniczka

Zuckerdoos

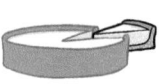

Porcja

Portschoon

Zaparzarka do espresso

Espressomaschien

Krzesło dla dziecka

Hoochstohl

Rachunek

Reken

Taca

Tablett

Noż

Mess

Widelec

Gavel

Łyżka

Lepel

Łyżeczka

Teelepel

Serwetka

Munddook

Szklanka

Glas

Talerz

Töller

Talerz do zupy

Suppentöller

Podstawek pod filiżankę

Ünnertass

Sos

Sooß

Solniczka

Soltstreuer

Młynek do pieprzu

Pepermöhl

Ocet

Etig

Olej

Ööl

Przyprawy

Krüder

Keczup

Ketchup

Musztarda

Mostrich

Majonez

Mayonnaise

Supermarket
Supermarkt

Oferta
Anbott
FOR
Klient
Kunn
Produkty mleczne
Melkprodukten
Owoce
Aaft
Wózek sklepowy
Inkoopswagen

BUTCHERS

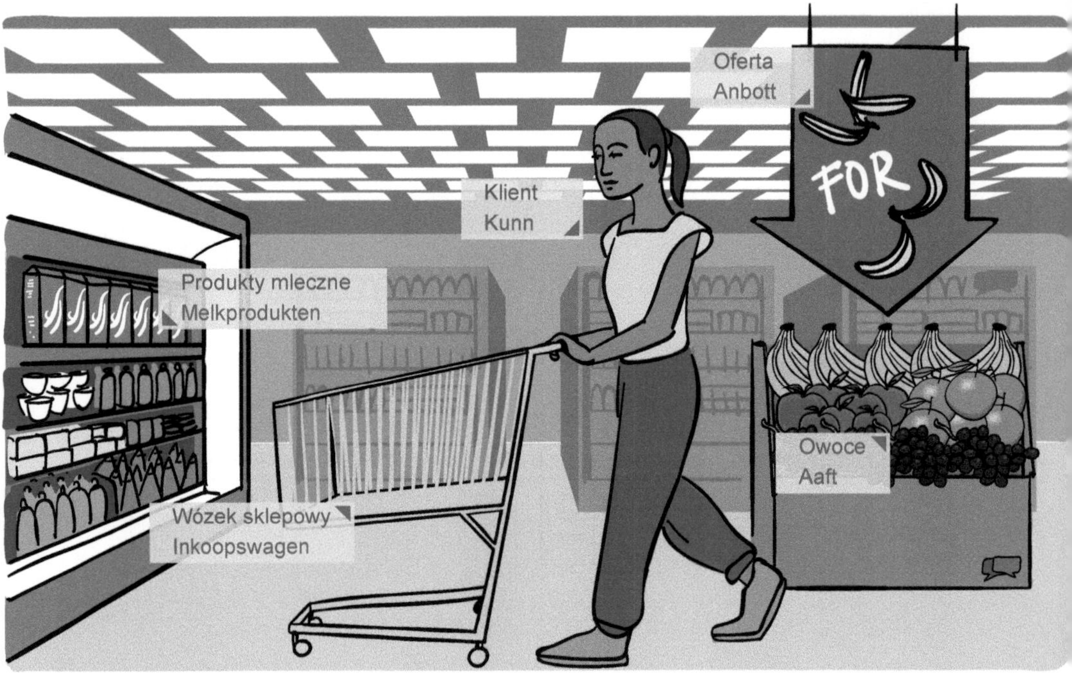

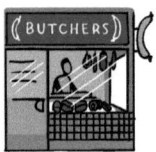

Rzeźnia

Slachterie

BAKERY

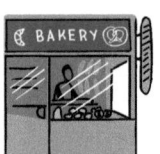

Piekarnia

Bäckerie

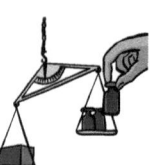

ważyć

wegen

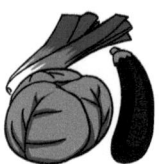

Warzywa

Gröönsaken

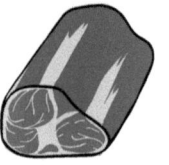

Mięso

Fleesch

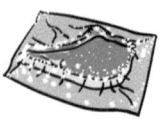

Mrożonki

Deepköhlkost

Wędliny

Opsnitt

Konserwy

Konserven

Proszek m do prania

Waschmiddel

Słodycze

Snoopkraam

Artykuły użytku domowego

Huushooltssaken

Środek czyszczący

Reinmaaktüüch

Sprzedawczyni

Verköpersche

Kasa

Kass

Kasjer

Kasserer

Lista zakupów

Inkoopslist

Godziny otwarcia

Opsparrtieden

Portfel

Breeftasch

Karta kredytowa

Kreditkoort

Torba

Tasch

Torebka plastikowa

Plastiktüüt

Woda

Water

Sok

Saft

Mleko

Melk

Cola

Cola

Wino

Wien

Piwo

Beer

Alkohol

Spriet

Kakao

Kakao

Herbata

Tee

Kawa

Koffie

Espresso

Espresso

Cappuccino

Cappucino

Banan

Banaan

Jabłko

Appel

Pomarańcza

Appelsien

Arbuz

Meloon

Cytryna

Zitroon

Marchew

Wöttel

Czosnek

Knuuvlook

Bambus

Bambus

Cebula

Zibbel

Grzyb

Poggenstohl

Orzechy

Nööt

Makaron

Nudeln

Spaghetti

Spaghetti

Ryż

Ries

Sałatka

Salat

Frytki

Pommes frites

Ziemniaki pieczone

Braadkantüffeln

Pizza

Pizza

Hamburger

Hamborger

Kanapka

Sandwich

Sznycel

Snitzel

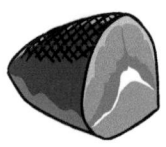

Szynka

Schinken

Salami

Salami

Kiełbasa

Wust

Kura

Hohn

Pieczeń

Braden

Ryba

Fisch

Jedzenie - Eten

Płatki owsiane

Haverflocken

Musli

Müsli

Płatki kukurydziane

Cornflakes

Mąka

Mehl

Croissant

Croissant

Bułka

Rundstück

Chleb

Broot

Toast

Toast

Ciastka

Keksen

Masło

Botter

Twarożek

Quark

Ciasto

Koken

Jajko

Ei

Jajko sadzone

Spegelei

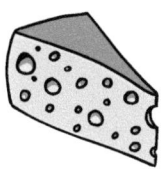

Ser

Kees

Lody

Ies

Cukier

Zucker

Miód

Honnig

Marmolada

Marmelaad

Krem nugatowy

Nougat-Creme

Curry

Curry

Gospodarstwo chłopskie
Buernhoff

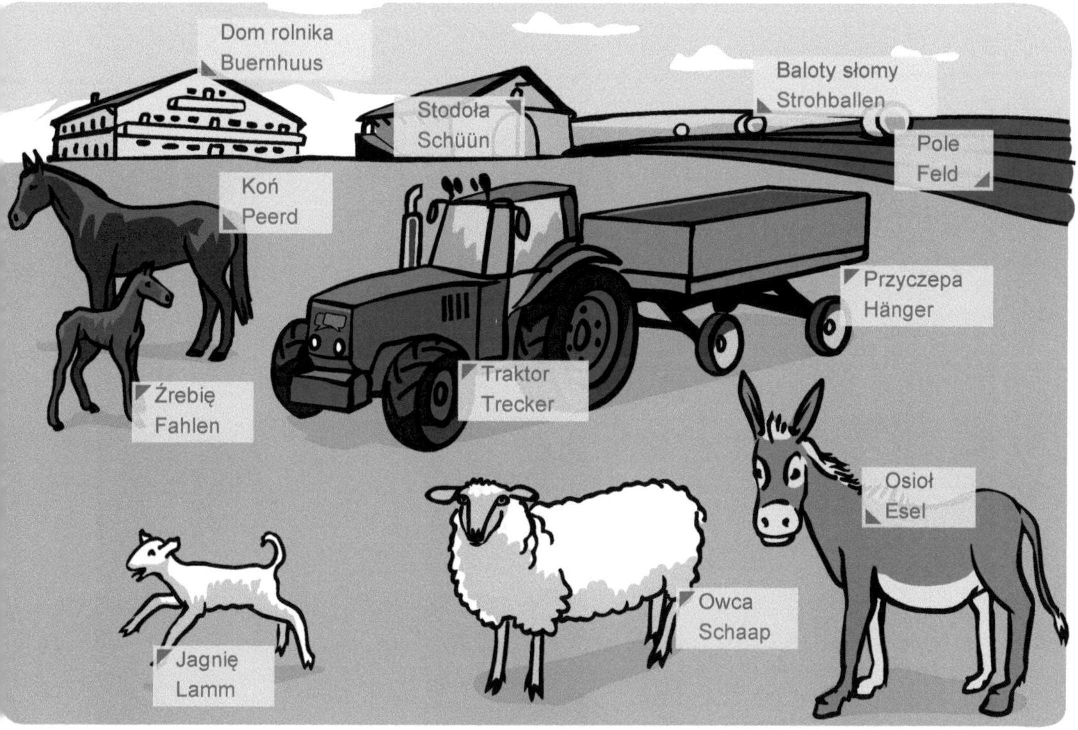
Dom rolnika
Buernhuus
Stodoła
Schüün
Baloty słomy
Strohballen
Pole
Feld
Koń
Peerd
Przyczepa
Hänger
Traktor
Trecker
Źrebię
Fahlen
Osioł
Esel
Owca
Schaap
Jagnię
Lamm

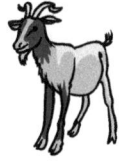

Koza

Zeeg

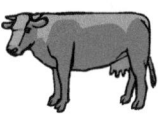

Krowa

Koh

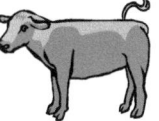

Cielę

Kalf

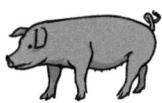

Świnia

Swien

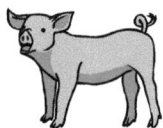

Prosię

Farken

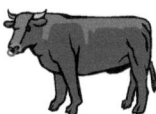

Byk

Bull

Gęś

Goos

Kaczka

Aant

Kurczątko

Küken

Kura

Hohn

Kogut

Hahn

Szczur

Rott

Kot

Katt

Mysz

Muus

Osioł

Oss

Pies

Hund

Buda dla psa

Hunnenhütt

Wąż ogrodowy

Goornslauch

Konewka

Geetkann

Kosa

Lee

Pług

Ploog

Sierp

Sich

Graca

Hack

Widły

Mestfork

Siekiera

Ext

Taczka

Schuufkoor

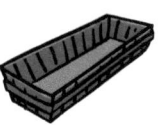

Koryto

Trog

Kanka na mleko

Melkkann

Worek

Sack

Płot

Tuun

Stajnia

Stall

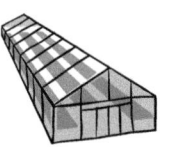

Szklarnia

Drievhuus

Ziemia

Bodden

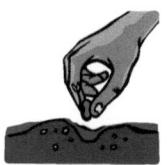

Nasiona

Saat

Nawóz

Dünger

Kombajn zbożowy

Meihdöscher

zbierać

oornen

Żniwa

Oorn

Podchrzyn

Yamswöttel

Pszenica

Weten

Soja

Soja

Ziemniak

Kantüffel

Kukurydza

Törksche Weten

Rzepak

Rapp

Drzewo owocowe

Aaftboom

Maniok

Troopsch Kantüffel

Zboże

Koorn

Dom
Huus

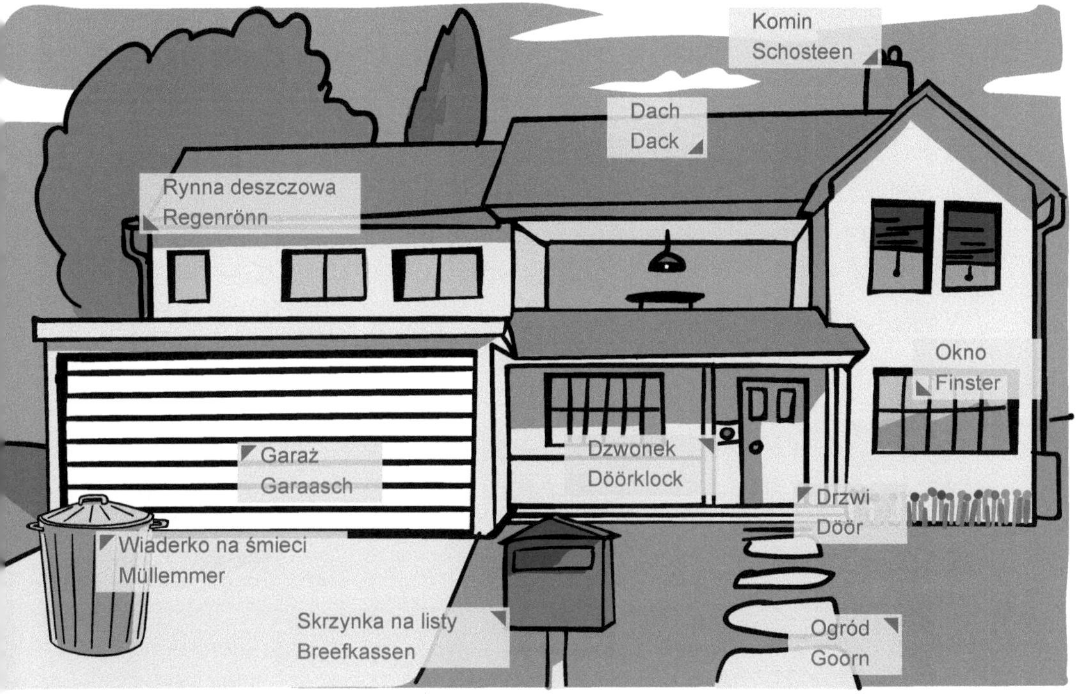
Komin
Schosteen
Dach
Dack
Rynna deszczowa
Regenrönn
Okno
Finster
Garaż
Garaasch
Dzwonek
Döörklock
Drzwi
Döör
Wiaderko na śmieci
Müllemmer
Skrzynka na listy
Breefkassen
Ogród
Goorn

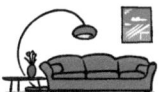

Pokój dzienny

Wahnstuuv

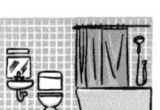

Łazienka

Baadstuuv

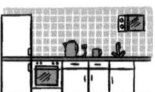

Kuchnia

Köök

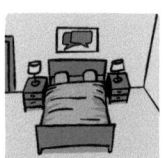

Sypialnia

Slaapstuuv

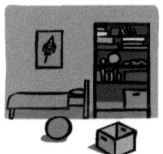

Pokój dziecięcy

Kinnerstuuv

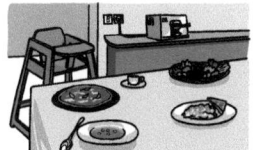

Jadalnia

Eetstuuv

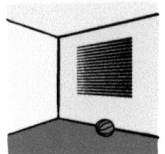

Ziemia

Footbodden

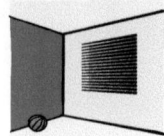

Ściana

Wand

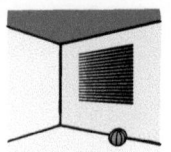

Koc

Deek

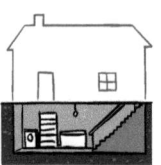

Piwnica

Keller

Sauna

Hittluftbad

Balkon

Balkon

Taras

Terrass

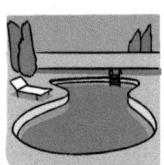

Basen

Swümmbad

Kosiarka do trawy

Rasenmeiher

Poszwa

Bettbetog

Kołdra

Bettdeek

Łóżko

Puuch

Miotła

Bessen

Wiadro

Emmer

Włącznik

Schalter

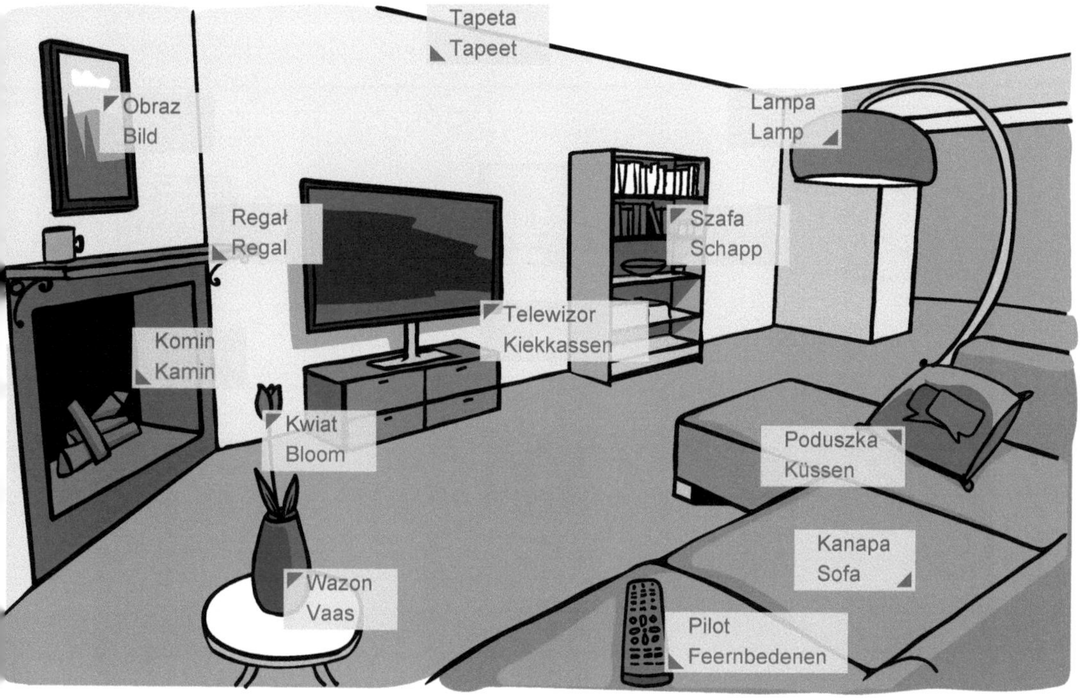

Tapeta
Tapeet

Obraz
Bild

Lampa
Lamp

Regał
Regal

Szafa
Schapp

Komin
Kamin

Telewizor
Kiekkassen

Kwiat
Bloom

Poduszka
Küssen

Kanapa
Sofa

Wazon
Vaas

Pilot
Feernbedenen

Dywan
Teppich

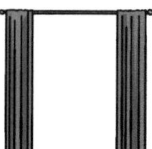

Zasłona
Vörhang

Stół
Disch

Krzesło
Stohl

Bujak
Schuckelstohl

Fotel
Sessel

Książka

Book

Sufit

Deek

Dekoracja

Dekoratschoon

Drewno kominkowe

Füerholt

Film

Film

Instalacja stereo

Stereoanlaag

Klucz

Slötel

Gazeta

Narichtenblatt

Malunek

Gemälde

Plakat

Poster

Radio

Radio

Notatnik

Opschrievblock

Odkurzacz

Huulbessen

Kaktus

Kaktus

Świeczka

Kars

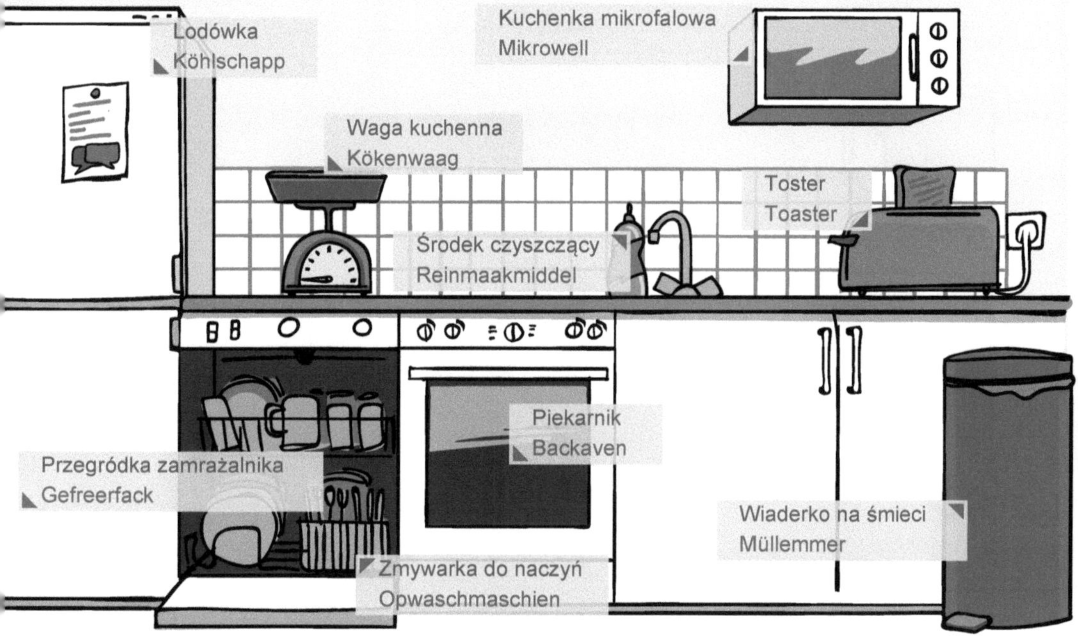

Lodówka
Köhlschapp

Kuchenka mikrofalowa
Mikrowell

Waga kuchenna
Kökenwaag

Toster
Toaster

Środek czyszczący
Reinmaakmiddel

Piekarnik
Backaven

Przegródka zamrażalnika
Gefreerfack

Wiaderko na śmieci
Müllemmer

Zmywarka do naczyń
Opwaschmaschien

Kuchenka

Heerd

Garnek

Pott

Kocioł żeliwny

Gussiesern Putt

Wok / Kadai

Wok / Kadai

Patelnia

Pann

Czajnik

Waterkaker

Parowar

Dampkaakputt

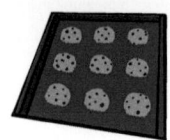

Blacha do pieczenia

Backblick

Naczynia kuchenne

Geschirr

Kubek

Beker

Miska

Schaal

Pałeczki

Eetsticken

Nabierka

Suppenkell

Łopatka do smażenia

Pannenwenner

Trzepaczka do śmietany

Sneebessen

Cedzak

Kaakseef

Sitko

Seef

Tarka

Riev

Moździerz

Mörser

Grillowanie

Grill

Palenisko

Füerstell

Deska
Sniedbrett

Wałek do ciasta
Nudelholt

Korkociąg
Proppentrecker

Puszka
Doos

Otwieracz do puszek
Dosenaapner

Ściereczka do trzymania garnka
Pottlappen

Umywalka
Waschbecken

Szczotka
Böst

Gąbka
Swamm

Mikser
Mixer

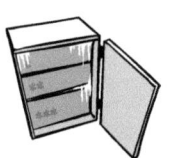

Zamrażarka
Iesschapp

Butelka dla niemowlęcia
Nuckelbuddel

Kran
Waterhahn

Łazienka

Baadstuuv

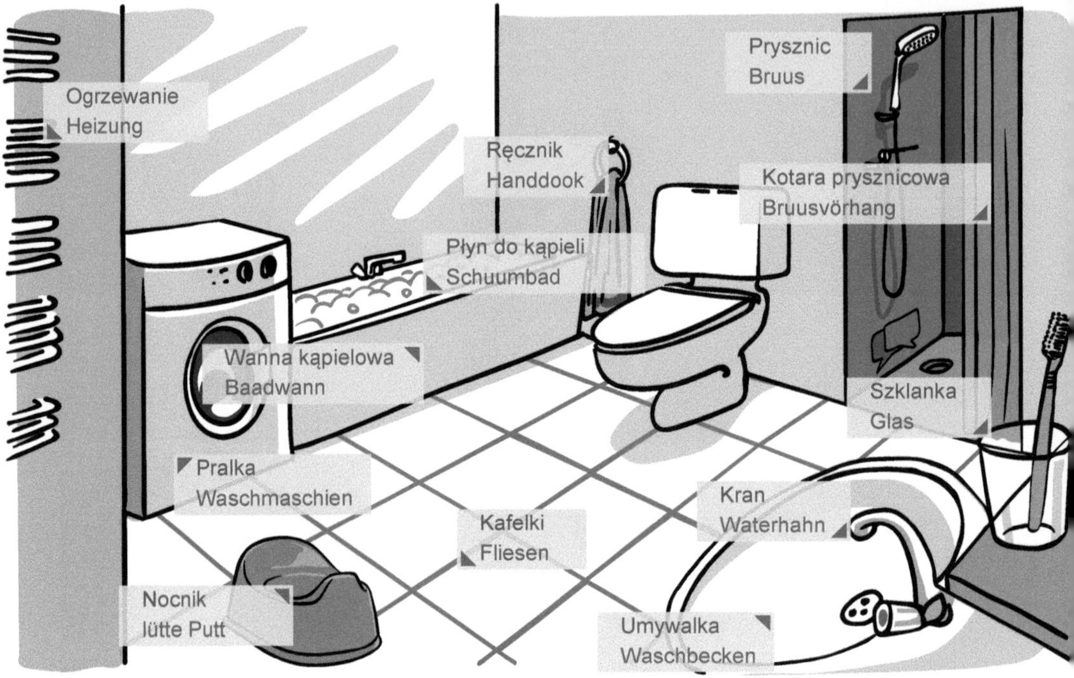
Ogrzewanie
Heizung
Ręcznik
Handdook
Prysznic
Bruus
Kotara prysznicowa
Bruusvörhang
Płyn do kąpieli
Schuumbad
Wanna kąpielowa
Baadwann
Szklanka
Glas
Pralka
Waschmaschien
Kran
Waterhahn
Kafelki
Fliesen
Nocnik
lütte Putt
Umywalka
Waschbecken

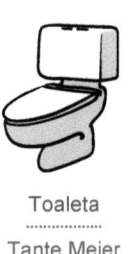

Toaleta

Tante Meier

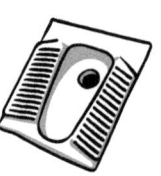

Toaleta kuczna

Hockklo

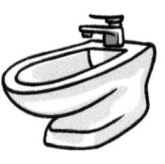

Bidet

Bidet

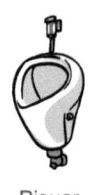

Pisuar

Miegbecken

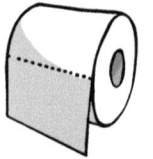

Papier toaletowy

Klopapeer

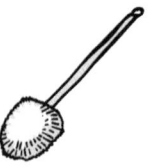

Szczotka toaletowa

Klobö st

Szczoteczka do zębów
Tähnböst

Pasta do zębów
Tähnpast

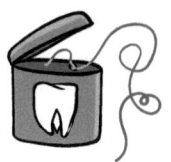

Nitki do czyszczenia zębów
Tähnsied

myć
waschen

Głowica prysznicowa
Handbruus

Płyn kąpielowy do higieny intymnej
Intimbruus

Miska do mycia
Waschschöttel

Szczotka kąpielowa
Rüchböst

Mydło
Seep

Żel prysznicowy
Bruusgeel

Szampon
Hoorwaschmiddel

Rękawica kąpielowa
Waschlappen

Odpływ
Afloop

Krem
Creme

Dezodorant
Deodorant

Lustro

Spegel

Lustro kosmetyczne

Kosmetikspegel

Golarka

Raserer

Pianka do golenia

Raseerschuum

Woda po goleniu

Raseerwater

Grzebień

Kamm

Szczotka

Böst

Suszarka do włosów

Hoordröger

Spray do włosów

Hoorspray

Makijaż

Smink

Pomadka

Lippensticken

Lakier do paznokci

Nagellack

Wata

Watt

Nożyczki do paznokci

Nagelscheer

Perfum

Rüükwater

Kosmetyczka

Kulturbüdel

Taboret

Schemel

Waga

Waag

Szlafrok kąpielowy

Baadmantel

Rękawice gumowe

Gummihanschen

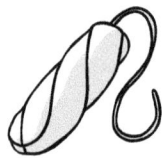

Tampon

Tampon

Podpaska damska

Damenbinn

Toaleta chemiczna

Chemieklo

Pokój dziecięcy
Kinnerstuuv

Budzik
Wecker
Pluszowa przytulanka
Knudeldeert
Samochodzik
Speeltüüchauto
Grzechotka
Klöter
Domek dla lalek
Poppenhuus
Prezent
Geschenk

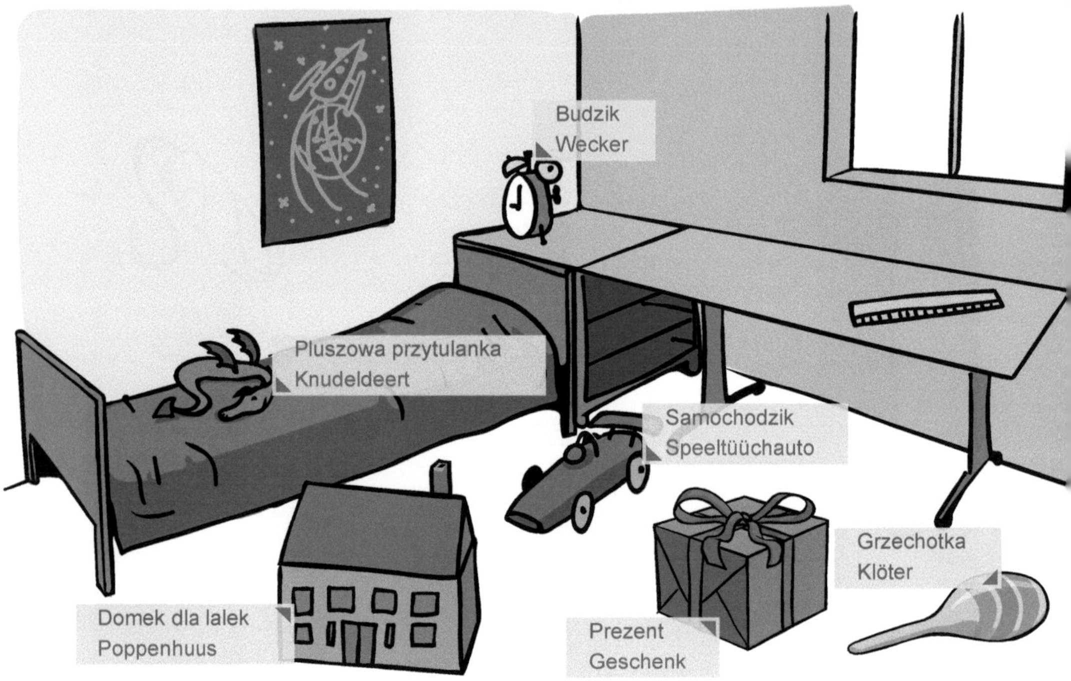

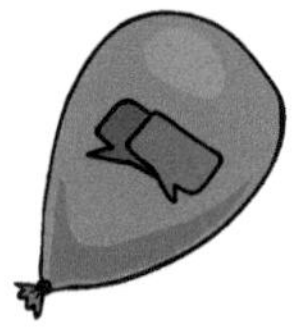

Balon

Luftballon

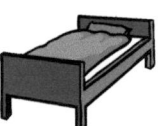

Łóżko

Puuch

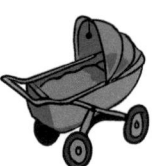

Wózek dziecięcy

Kinnerwagen

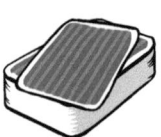

Gra w karty

Koortenspeel

Puzzle

Puzzle

SUPER
MEGA

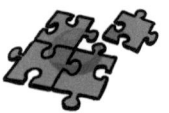

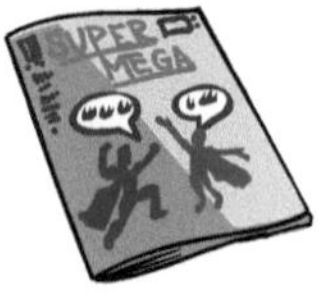

Komiks

Billergeschicht

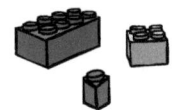

Klocki lego

Legostenen

Klocki

Bustenen

Action figura

Action-Figur

Śpioszek dziecięcy

Strampelantog

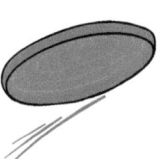

Frisbee

Frisbeeschiev

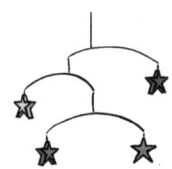

Zabawki ruchome

Mobile

Gra planszowa

Brettspeel

Kości

Wörpel

Kolejka elektryczna

Modelliesenbahn

Smoczek

Snuller

Przyjęcie

Party

Książka z ilustracjami

Billerbook

Piłka

Ball

Lalka

Popp

bawić się

spelen

Piaskownica

Sandkassen

Huśtawka

Schuckel

Zabawki

Speeltüüch

Konsola do gier

Speelkonsool

Rowerek trójkołowy

Dreerad

Pluszowy miś

Teddyboor

Szafa ubraniowa

Klederschapp

Ubiór

Tüüch

Skarpety

Socken

Pończochy

Strümp

Rajstopy

Strumpbüx

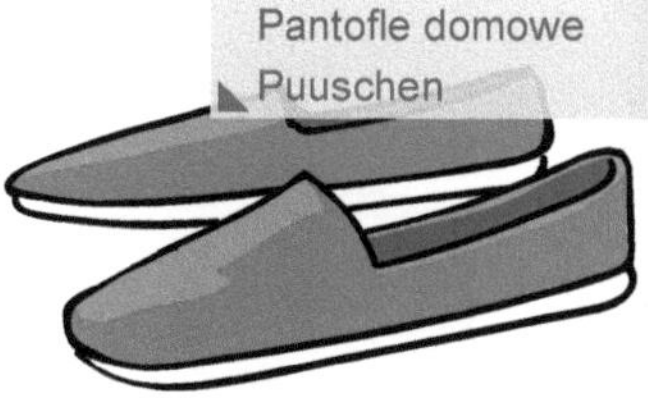

Szal
Halsdook

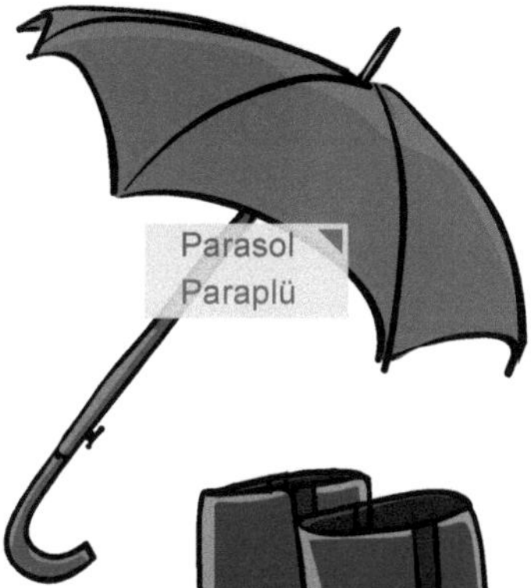

Parasol
Paraplü

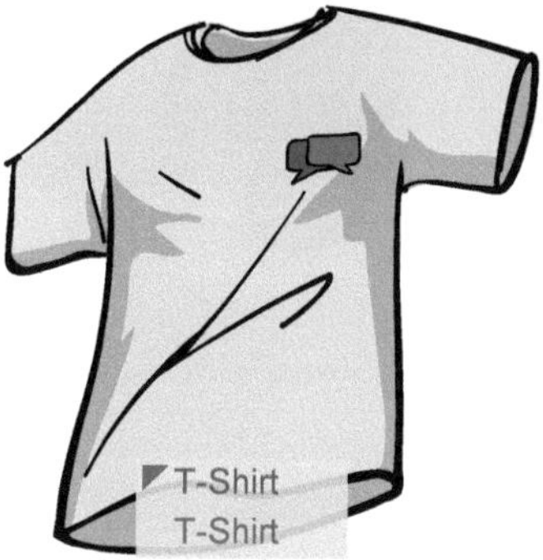

T-Shirt
T-Shirt

Pasek
Liefreem

Kozaki
Stevel

Pantofle domowe
Puuschen

Obuwie sportowe
Turnschoh

Sandały
Sandalen

Buty
Schoh

Kalosze
Gummistevel

Majtki
Ünnerbüx

Biustonosz
Bostholler

Podkoszulek
Ünnerhemd

Body

Lief

Spodnie

Büx

Dżins

Jeansnüx

Spódnica

Rock

Bluzka

Bluus

Koszula

Hemd

Pulower

Pullover

Bluza sportowa

Kapuzenpullover

Marynarka

Blazer

Kurtka

Jack

Płaszcz

Mantel

Płaszcz przeciwdeszczowy

Övertrecker

Kostium

Kostüm

Sukienka

Kleed

Suknia ślubna

Hochtietskleed

Ubiór - Tüüch

Garnitur męski
Antog

Koszula nocna
Nachtkleed

Piżama
Slaapantog

Sari
Sari

Chusta na głowę
Koppdook

Turban
Turban

Burka
Burka

Kaftan
Kaftan

Abaya
Abaya

Strój kąpielowy
Baadantog

Kąpielówki
Baadbüx

Krótkie spodnie
Korte Büx

Dres sportowy
Antog to'n Öven

Fartuch
Schört

Rękawiczki
Handschoh

Guzik

Knopp

Okulary

Brill

Bransoletka

Armband

Łańcuszek

Halskeed

Pierścionek

Ring

Kolczyk

Ohrbummel

Czapka

Mütz

Wieszak

Klederbögel

Kapelusz

Hoot

Krawat

Binner

Zamek błyskawiczny

Rietslüter

Kask

Helm

Szelki

Drachtband

Mundurek szkolny

Schooluniform

Mundur

Uniform

Śliniaczek

Severböten

Smoczek

Snuller

Pieluszka

Winnel

Biuro
Büro

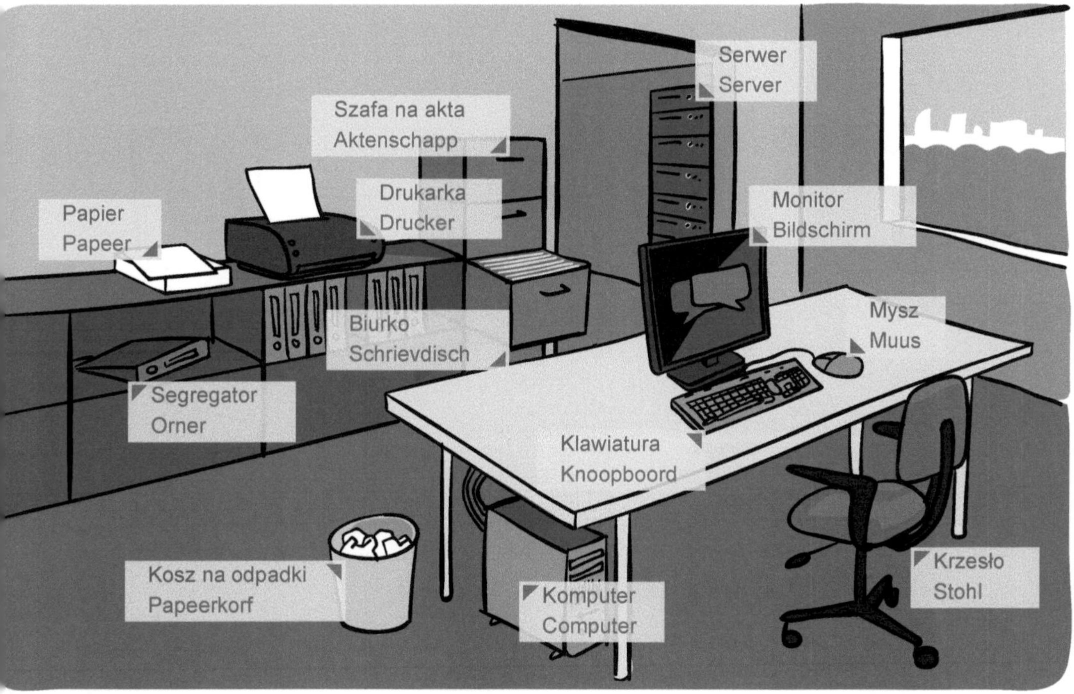

Serwer
Server

Szafa na akta
Aktenschapp

Drukarka
Drucker

Papier
Papeer

Monitor
Bildschirm

Mysz
Muus

Biurko
Schrievdisch

Segregator
Orner

Klawiatura
Knoopboord

Kosz na odpadki
Papeerkorf

Krzesło
Stohl

Komputer
Computer

Filiżanka do kawy

Koffiebeker

Kalkulator

Taschenreekner

Internet

Internet

Laptop

Klappreekner

List

Breef

Wiadomość

Naricht

Komórka

Ackersnacker

Sieć

Nettwark

Kopiarka

Kopeerapparat

Oprogramowanie

Software

Telefon

Klöönkassen

Gniazdko

Steekdoos

Faks

Faxapparat

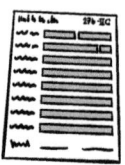

Formularz

Formulor

Dokument

Dokument

kupić
....
köpen

płacić
....
betahlen

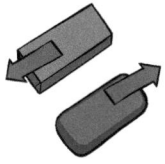

postępować
....
hanneln

Pieniądze
....
Geld

Dolar
....
Dollar

Euro
....
Euro

Jen
....
Yen

Rubel
....
Ruvel

Frank
....
Swiezer Franken

Juan Renminbi
....
Renminbi Yuan

Rupia
....
Rupie

Bankomat
....
Geldautomat

Kantor wymiany walut

Wesselstuuv

Złoto

Gold

Srebro

Sülver

Olej

Ööl

Energia

Energie

Cena

Pries

Umowa

Verdrag

Podatek

Stüer

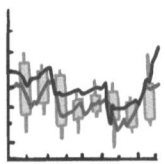

Akcja

Andeelschien

pracować

arbeiden

Pracownik umysłowy

Anstellte

Pracodawca

Arbeitgever

Fabryka

Fabrik

Sklep

Hökerie

Zawody
Profeschonen

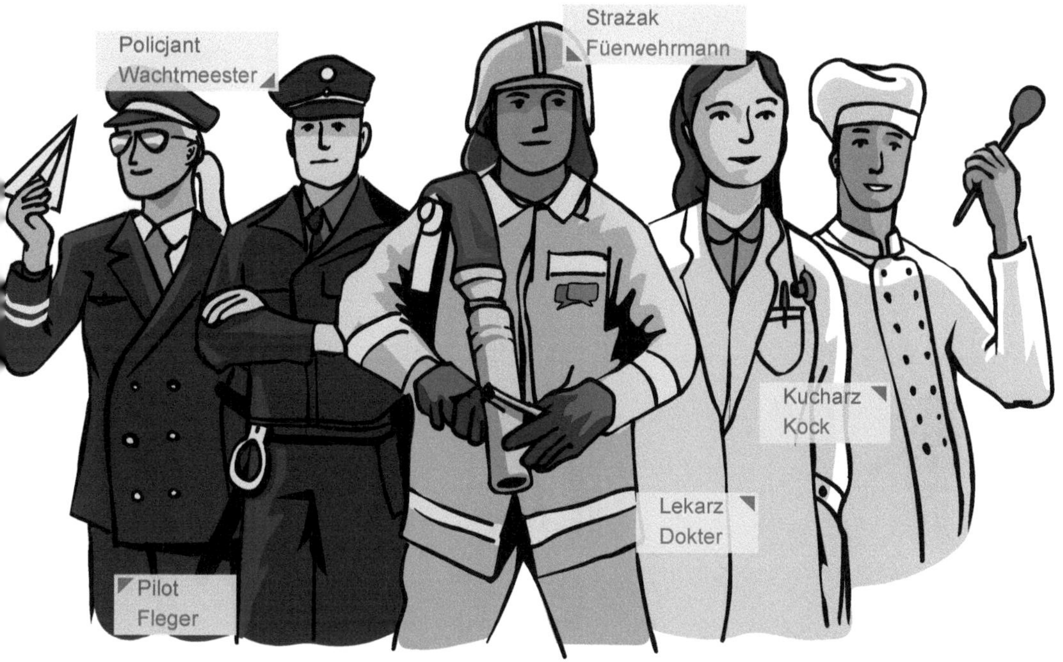
Policjant
Wachtmeester
Strażak
Füerwehrmann
Kucharz
Kock
Lekarz
Dokter
Pilot
Fleger

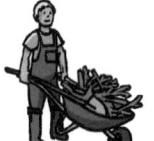

Ogrodnik

Goorner

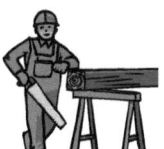

Stolarz

Discher

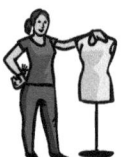

Krawcowa

Neihersche

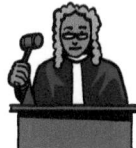

Sędzia

Richter

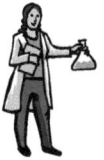

Chemik

Chemiker

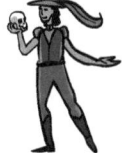

Aktor

Schauspeler

Kierowca autobusu

Busfohrer

Taksówkarz

Taxifohrer

Fischer

Fischer

Sprzątaczka

Reinmaakfru

Dekarz

Dackdecker

Kelner

Kellner

Myśliwy

Jäger

Malarz

Maler

Piekarz

Bäcker

Elektryk

Elektriker

Robotnik budowlany

Buarbeider

Inżynier

Ingenieur

Rzeźnik

Slachter

Instalator

Klempner

Listonosz

Postbüdel

Żołnierz

Suldat

Architekt

Architekt

Kasjer

Kasserer

Florysta

Florist

Fryzjer

Putzbüdel

Konduktor

Schaffner

Mechanik

Mechaniker

Kapitan

Kaptein

Dentysta

Tähndokter

Naukowiec

Wetenschopler

Rabin

Rabbi

Imam

Imam

Mnich

Mönk

Proboszcz

Paap

Narzędzia

Warktüüch

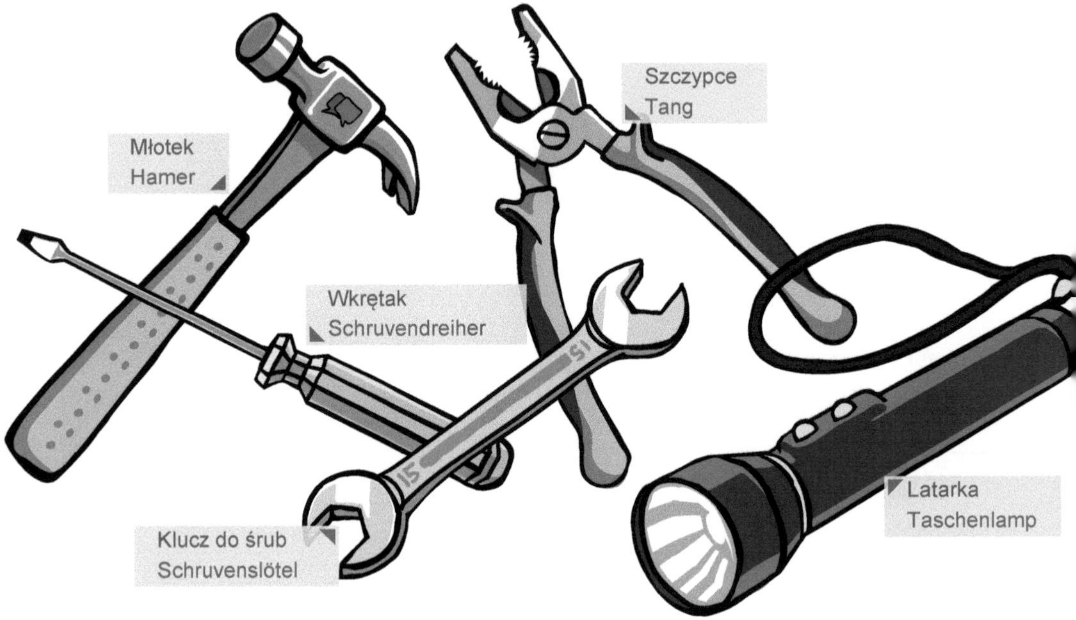

Szczypce
Tang
Młotek
Hamer
Wkrętak
Schruvendreiher
Latarka
Taschenlamp
Klucz do śrub
Schruvenslötel

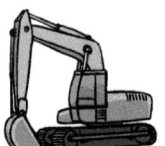

Koparka

Grieper

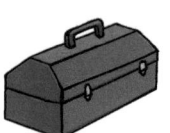

Skrzynka narzędziowa

Warktüüchkassen

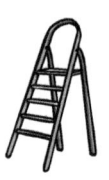

Drabina

Ledder

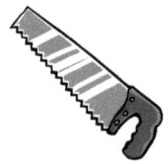

Piła

Saag

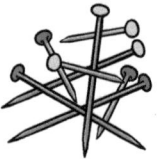

Gwoździe

Nagels

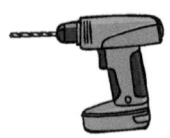

Wiertło

Bohrer

naprawić

heelmaken

Łopatka

Schüffel

Cholera!

Schiet!

Szufelka

Kehrblick

Puszka z farbą

Farvpott

Śruby

Schruven

Instrumenty muzyczne
Musikinstrumenten

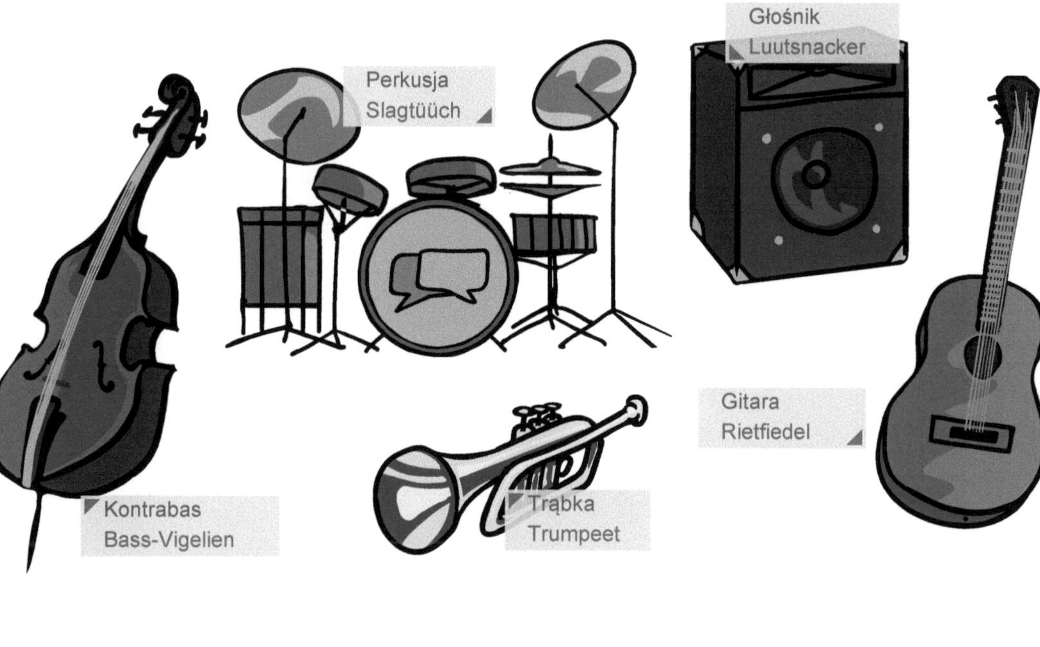

Głośnik
Luutsnacker

Perkusja
Slagtüüch

Kontrabas
Bass-Vigelien

Trąbka
Trumpeet

Gitara
Rietfiedel

Pianino

Klaveer

Skrzypce

Vigelien

Bas

Bass

Kotły

Pauk

Bęben

Trummeln

Keyboard

Keyboard

Saksofon

Saxophon

Flet

Fleut

Mikrofon

Mikrofoon

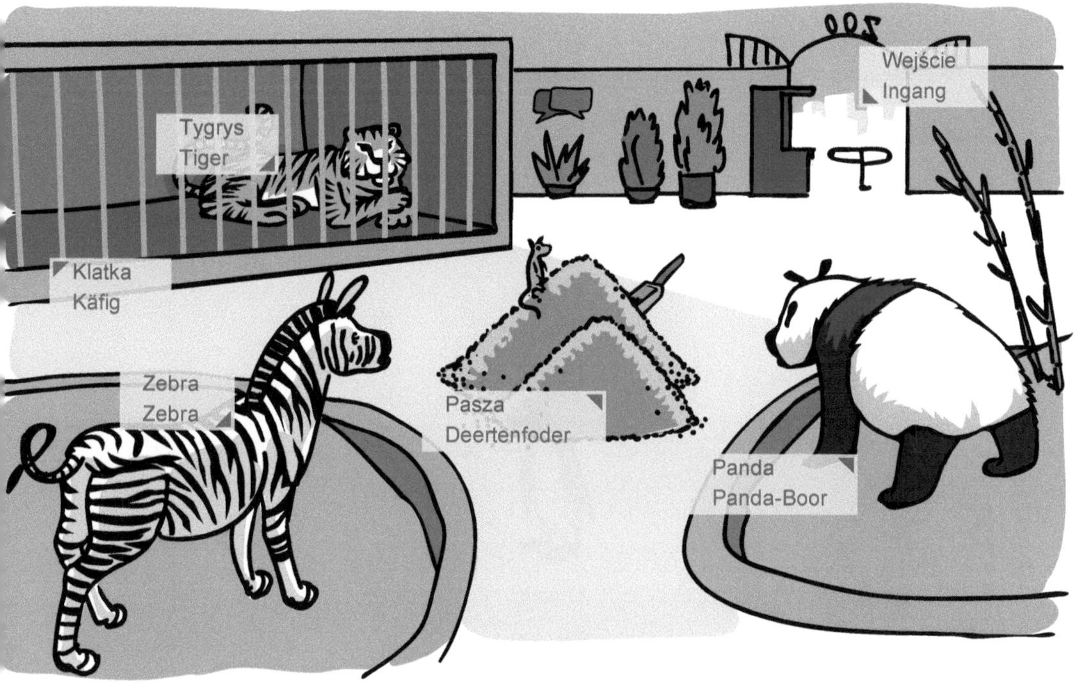

Wejście
Ingang

Tygrys
Tiger

Klatka
Käfig

Zebra
Zebra

Pasza
Deertenfoder

Panda
Panda-Boor

Zwierzęta
Deerten

Słoń
Elefant

Kangur
Känguru

Nosorożec
Neeshoorn

Goryl
Gorilla

Niedźwiedź
Boor

Wielbłąd

Kameel

Struś

Struuß

Lew

Lööv

Małpa

Aap

Fleming

Flamingo

Papuga

Papagoi

Niedźwiedź polarny

Iesboor

Pingwin

Pinguin

Rekin

Haifisch

Paw

Pageluun

Wąż

Slang

Krokodyl

Krokodil

Dozorca w zoo

Oppasser in'n Deertenpark

Foka

Saalhund

Jaguar

Jaguor

Kucyk
Pony

Gepard
Leopard

Hipopotam
Nilpeerd

Żyrafa
Giraff

Orzeł
Aadler

Dzik
Wildswien

Ryba
Fisch

Żółw
Schildkrööt

Mors
Walross

Lis
Voss

Gazela
Gazell

Futbol amerykański
Amerikaansch Football

Kolarstwo
Radfohren

Tenis
Tennis

Koszykówka
Korfball

Pływanie
Swümmen

Hokej na lodzie
Ieshockey

Boks
Boxen

Piłka nożna
Football

Badminton
Fedderball

Lekka atletyka
Leichtathletik

Piłka ręczna
Handball

Narciarstwo
Skilopen

Polo
Polo

Działania
Aktivitäten

śmiać się
lachen
skakać
springen
objąć
ümarmen
iść
gahn
śpiewać
singen
marzyć
drömen
modlić się
beden
całować
snuteln

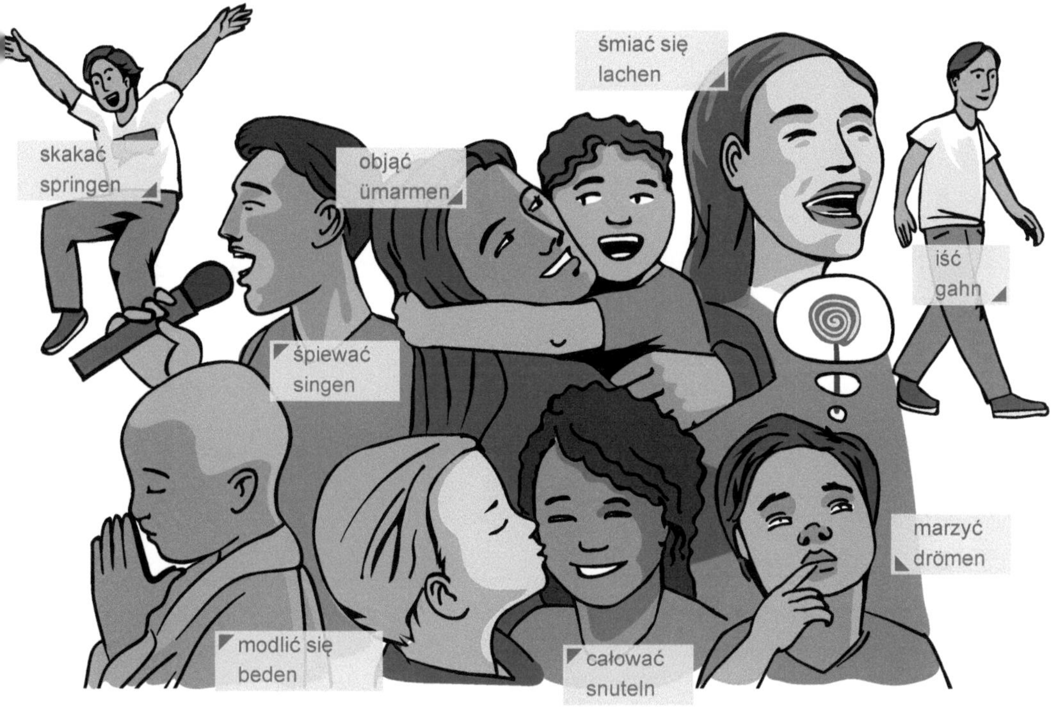

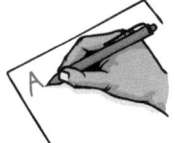

pisać
schrieven

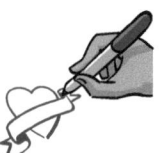

rysować
teken

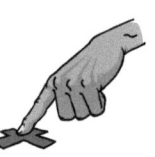

pokazywać
wiesen

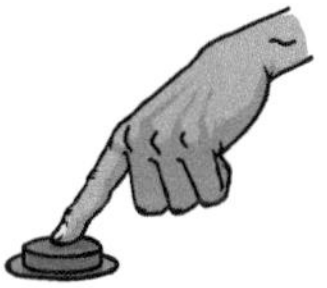

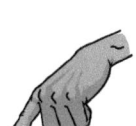

nacisnąć
drücken

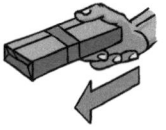

dać
geven

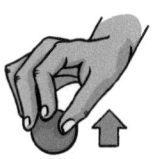

wziąć
nehmen

mieć

hebben

robić

doon

być

sien

stać

stahn

biegać

lopen

ciągnąć

trecken

rzucać

smieten

spaść

fallen

leżeć

liggen

czekać

töven

nosić

dregen

siedzieć

sitten

zakładać

antrecken

spać

slapen

budzić się

opwaken

spojrzeć

ankieken

płakać

wenen

głaskać

eien

czesać się

kämmen

mówić

snacken

rozumieć

verstahn

pytać

fragen

słyszeć

hören

pić

drinken

jeść

eten

sprzątać

oprümen

kochać

leefhebben

gotować

kaken

jechać

fohren

latać

flegen

żeglować

segeln

liczyć

reken

czytać

lesen

uczyć się

lehren

pracować

arbeiden

wejść w związek małżeński

de Plünnen tohoopsmieten

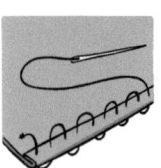

szyć

neihen

myć zęby

Tähnen putzen

zabić

dootmaken

palić tytoń

smöken

wysłać

schicken

Babcia
Grootmoder

Dziadek
Grootvadder

Ojciec
Vadder

Matka
Moder

Niemowlę
Winnelkind

Córka
Dochter

Syn
Söhn

Gość

Gast

Ciotka

Tant

Wujek

Unkel

Brat

Broder

Siostra

Süster

Ciało

Lief

Czoło
Vörkopp
Oko
Oog
Ramię
Schuller
Palec
Finger
Twarz
Gesicht
Broda
Kinn
Ręka
Hand
Noga
Been
Pierś
Bost
Ramię
Arm

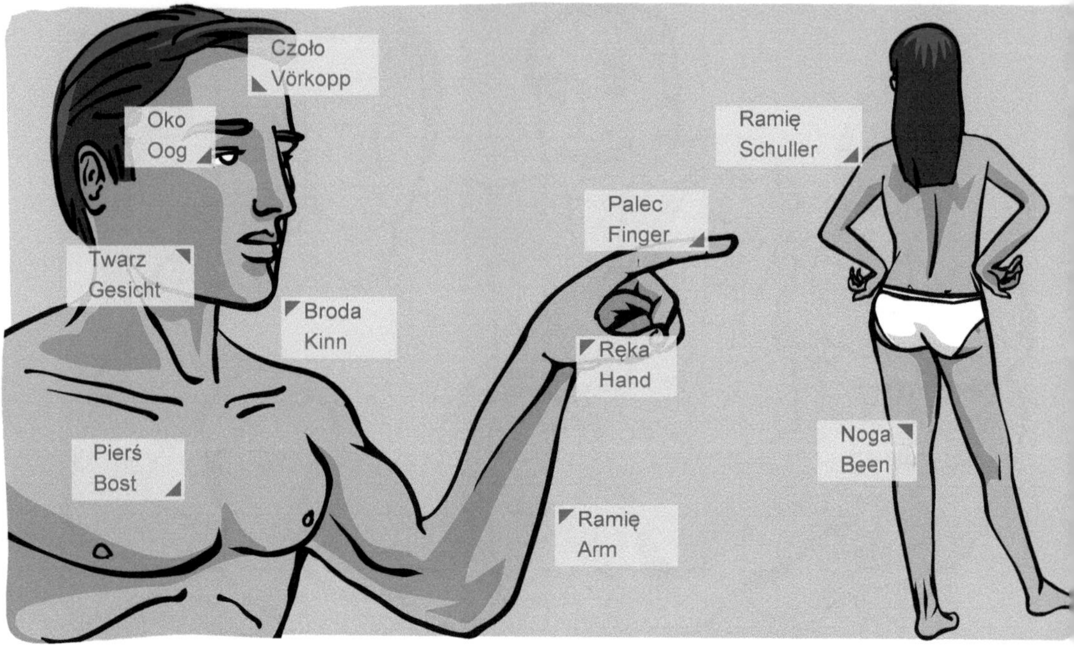

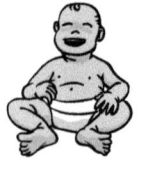

Niemowlę

Winnelkind

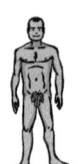

Mężczyzna

Mann

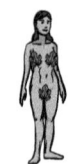

Kobieta

Fro

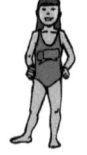

Dziewczyna

Deern

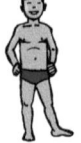

Chłopiec

Jung

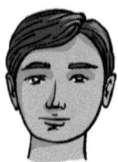

Głowa

Arm

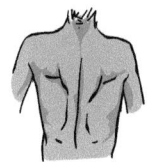

Plecy

Rüch

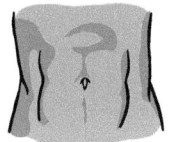

Brzuch

Buuk

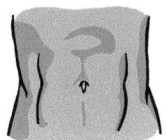

Pępek

Navel

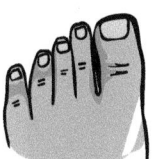

palec nogi

Teh

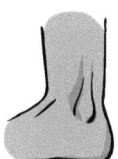

Pięta

Hack

Kość

Knaken

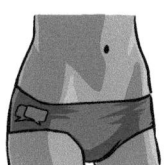

Biodro

Hüft

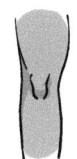

Kolano

Knee

Łokieć

Ellbagen

Nos

Nees

Pośladki

Achtersen

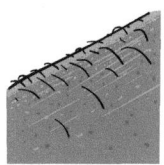

Skóra

Huut

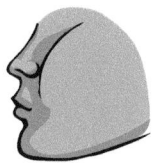

Policzek

Back

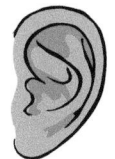

Uszy

Ohr

Warga

Lipp

Usta

Mund

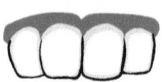

Ząb

Tähn

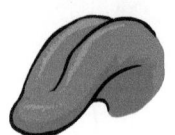

Język

Tung

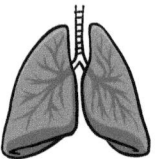

Mózg

Bregen

Serce

Hart

Mięsień

Muskel

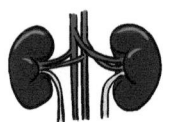

Płuca

Lung

Wątroba

Lever

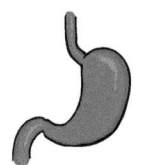

Żołądek

Maag

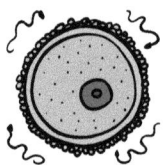

Nerki

Neren

Stosunek płciowy

Bislaap

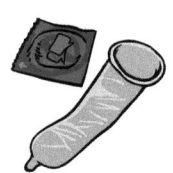

Kondom

Kondoom

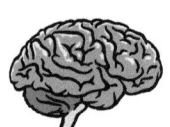

Komórka jajowa

Eizell

Sperma

Sperma

Ciąża

Anner Ümstänn

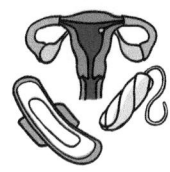

Menstruacja

Menstruatschoon

Wagina

Scheed

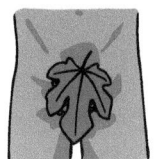

Penis

Pint

Brew

Ogenbroe

Włosy

Hoor

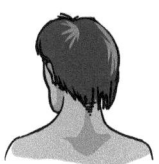

Szyja

Hals

Szpital
Krankenhuus

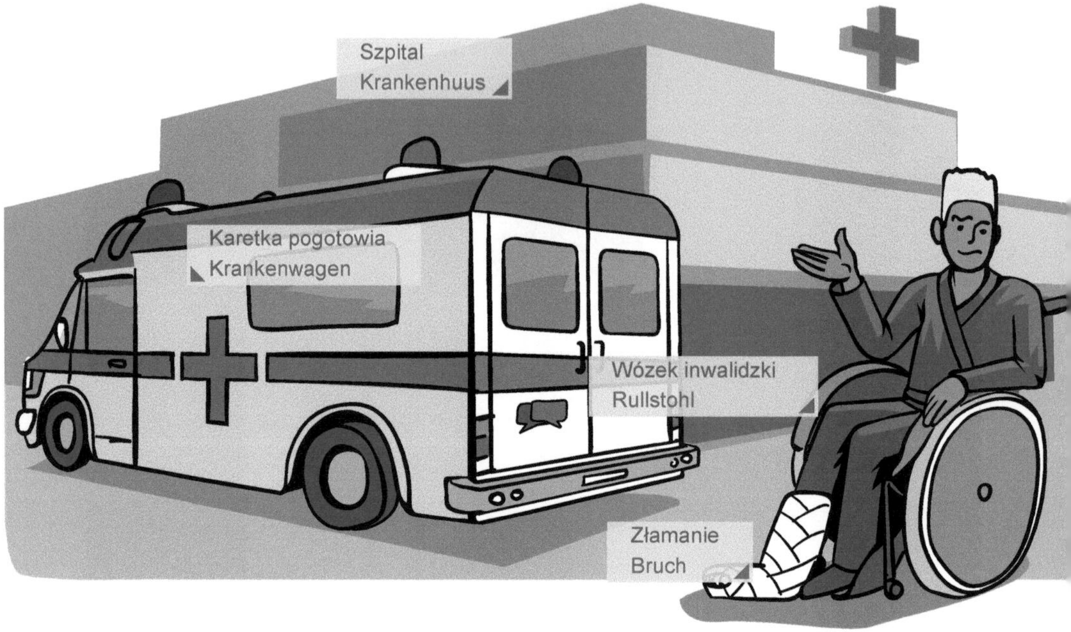

Szpital
Krankenhuus
Karetka pogotowia
Krankenwagen
Wózek inwalidzki
Rullstohl
Złamanie
Bruch

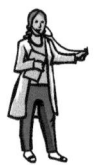

Lekarz
Dokter

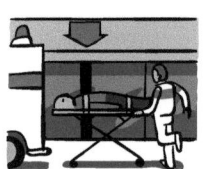

Izba przyjęć
Nootopnahm

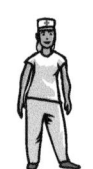

Pielęgniarka
Krankensüster

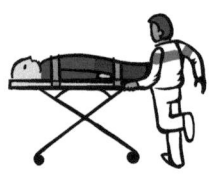

Nagły przypadek
Nootfall

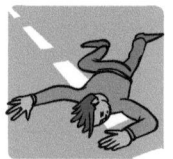

nieprzytomny
ahnmächtig

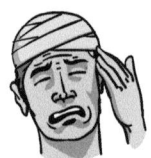

Ból
Wehdaag

Skaleczenie

Verwunnen

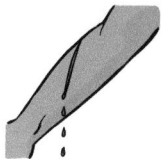

Krwawienie

Blöden

Zawał serca

Hartinfarkt

Udar mózgu

Slaganfall

Alergia

Allergie

Kaszleć

Hoosten

Gorączka

Fever

Grypa

Gripp

Biegunka

Dörchfall

Ból głowy

Koppwehdaag

Rak

Kreeft

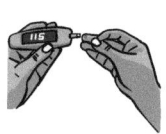

Cukrzyca

Zuckersüük

Chirurg

Chirurg

Skalpel

Chirurgsch Mess

Operacja

Operatschoon

CT
CT

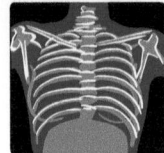

Rentgen
Dörchlüchten

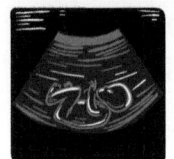

Ultradźwięki
Ultraschall

Maska
Mask

Choroba
Krankheit

Poczekalnia
Töövruum

Kula
Krück

Plaster
Plaaster

Opatrunek
Verband

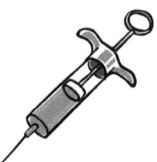

Iniekcja
Insprütten

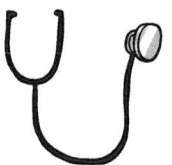

Stetoskop
Stethoskop

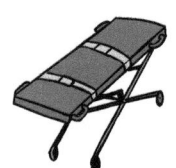

Nosze
Draag

Termometr
Feverthermometer

Poród
Geboort

Nadwaga
Övergewicht

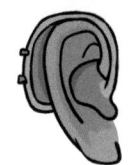

Aparat słuchowy

Höörapparat

Środek dezynfekcyjny

Kiemfriemiddel

Infekcja

Ansteken

Wirus

Virus

HIV / AIDS

HIV / AIDS

Medycyna

Heelmiddel

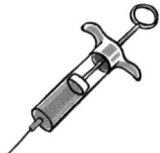

Szczepienie

Impen

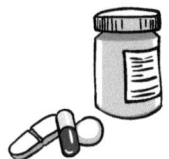

Tabletki

Tabletten

Pigułka

Pill

Telefon ratunkowy

Nootroop

Ciśnieniomierz krwi

Blootdruck-Meter

chory / zdrowy

krank / gesund

Pomocy!

Hölp!

Alarm

Alarm

Napad

Överfall

Atak

Angreep

Niebezpieczeństwo

Gefohr

Wyjście awaryjne

Nootutgang

Pożar!

Füer!

Gaśnica

Füerlöscher

Wypadek

Unfall

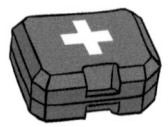

Walizeczka pierwszej pomocy

Noothölpkoffer

SOS

SOS

Policja

Polizei

Europa

Europa

Ameryka Północna

Noordamerika

Ameryka Południowa

Süüdamerika

Afryka

Afrika

Azja

Asien

Australia

Australien

Atlantyk

Atlantik

Pacyfik

Pazifik

Ocean Indyjski

Indisch Weltmeer

Ocean Antarktyczny

Antarktisch Weltmeer

Ocean Arktyczny

Arktisch Weltmeer

Biegun północny

Noordpol

Biegun południowy

Süüdpol

Antarktyda

Antarktis

Ziemia

Eerd

Kraj

Land

Morze

See

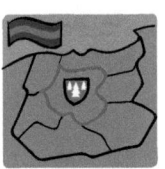

Wyspa

Eiland

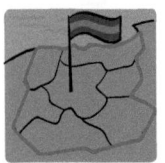

Naród

Natschoon

Państwo

Staat

Cyferblat

Tallenblatt

Wskazówka godzinowa

Stunnenwieser

Wskazówka minutowa

Minutenwieser

Wskazówka sekundowa

Sekunnenwieser

Która godzina?

Wo laat is dat?

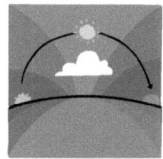

Dzień

Dag

Czas

Tiet

teraz

nu

Zegarek digitalny

digetaalsch Klock

Minuta

Minuut

Godzina

Stunn

Tydzień
Week

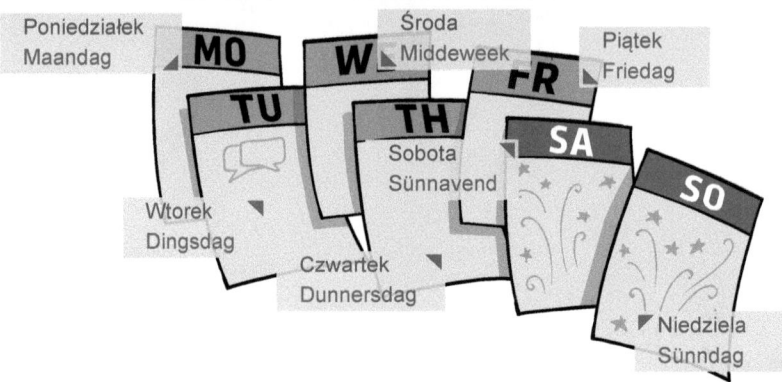

Poniedziałek
Maandag

Środa
Middeweek

Piątek
Friedag

Wtorek
Dingsdag

Czwartek
Dunnersdag

Sobota
Sünnavend

Niedziela
Sünndag

wczoraj

güstern

dzisiaj

hüüt

jutro

morgen

Rano

Morgen

Południe

Meddag

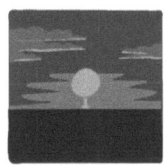

Wieczór

Avend

Dni robocze

Arbeitsdaag

Weekend

Wekenenn

Rok

Johr

Deszcz
Regen
Tęcza
Regenbagen
Wiatr
Wind
Śnieg
Snee
Wiosna
Fröhjohr
Lato
Sommer
Jesień
Harvst
Zima
Winter

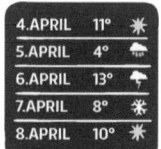

4.APRIL 11°
5.APRIL 4°
6.APRIL 13°
7.APRIL 8°
8.APRIL 10°

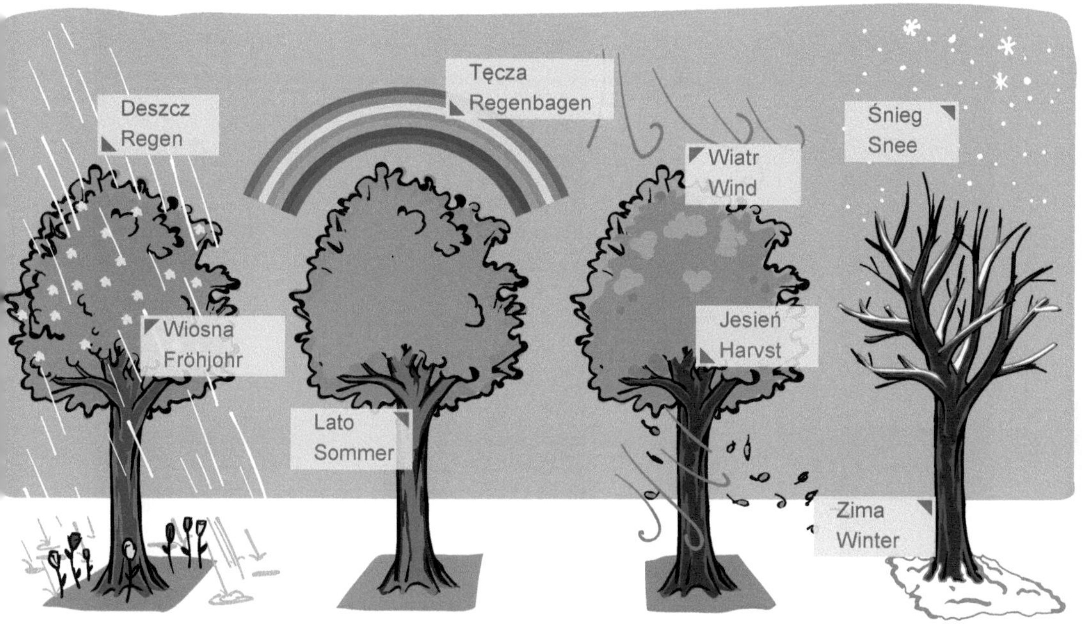

Prognoza pogody

Wedervörhersaag

F C
120 40
90 30
60 20
30 10
0 0
-30 -10
-20

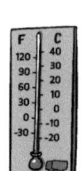

Termometr

Thermometer

Światło słoneczne

Sünnenschien

Chmura

Wulk

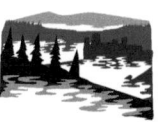

Mgła

Nevel

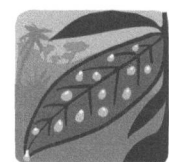

Wilgotność powietrza

Luftfuchtigkeit

Błyskawica
....
Blitz

Grzmot
....
Dunner

Sztorm
....
Storm

Grad
....
Hagel

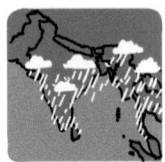

Monsun
....
Monsun

Potop
....
Floot

Lód
....
Ies

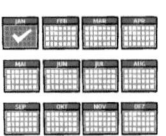

Styczeń
....
Januormaand

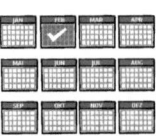

Luty
....
Februormaand

Marzec
....
Martmaand

Kwiecień
....
Aprilmaand

Maj
....
Maimaand

Czerwiec
....
Junimaand

Lipiec
....
Julimaand

Sierpień
....
Augustmaand

Wrzesień
....
Septembermaand

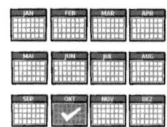

Październik
....
Oktobermaand

Listopad
....
Novembermaand

Grudzień
....
Dezembermaand

Koło
....
Krink

Kwadrat
....
Quadrat

Prostokąt
....
Rechteck

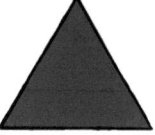

Trójkąt
....
Dreeeck

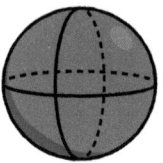

Kula
....
Kugel

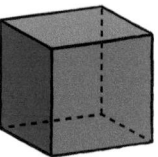

Sześcian
....
Wörpel

Kolory

Farven

biały

witt

żółty

geel

pomarańczowy

orangsch

różowy

pink

czerwony

root

liliowy

lila

niebieski

blau

zielony

gröön

brązowy

bruun

szary

gries

czarny

swart

dużo / mało

veel / wenig

wściekły / spokojny

böös / verdreeglich

piękny / brzydki

smuck / mies

początek / koniec

Begünn / Enn

duży / mały

groot / lütt

jasny / ciemny

hell / düüster

brat / siostra

Broder / Süster

czysty / brudny

schier / schietig

kompletny / niekompletny

kumpleet / nich kumpleet

dzień / noc

Dag / Nacht

umarły / żywy

doot / lebennig

szeroki / wąski

breet / small

jadalny / niejadalny

geneetbor / nich geneetbor

zły / uprzejmy

böös / fründlich

podniecony / znudzony

fickerig / langwielt

gruby / chudy

dick / dünn

najpierw / na końcu

toeerst / toletzt

przyjaciel / wróg

Fründ / Fiend

pełen / pusty

vull / leddig

twardy / miękki

hart / week

ciężki / lekki

swoor / licht

głód / pragnienie

Smacht / Döst

chory / zdrowy

krank / gesund

nielegalny / legalny

nich na't Recht / na't Recht

inteligentny / głupi

klook / dummerhaftig

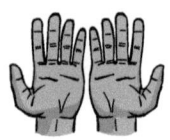

lewo / prawo

linkerhand / rechterhand

bliski / daleki

neeg / feern

nowy / używany
nieg / bruukt

nic / coś
nix / wat

stary / młody
oolt / jung

włącz / wyłącz
an / ut

otwarty / zamknięty
apen / slaten

cichy / głośny
lies / luut

bogaty / biedny
riek / arm

prawidłowy / błędny
richtig / verkehrt

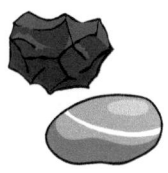

chropowaty / gładki
ruug / glatt

smutny / szczęśliwy
trurig / glücklich

krótki / długi
kort / lang

powolny / szybki
suutje / flink

mokry/suchy
natt / dröög

ciepły / chłodny
warm / köhl

wojna / pokój
Krieg / Freden

Liczby

Tallen

0

zero
....
null

1

jeden
....
een

2

dwa
....
twee

3

trzy
....
dree

4

cztery
....
veer

5

pięć
....
fief

6

sześć
....
söss

7

siedem
....
söven

8

osiem
....
acht

9

dziewięć
....
negen

10

dziesięć
....
teihn

11

jedenaście
....
ölven

12

dwanaście

twölf

13

trzynaście

dörteihn

14

czternaście

veerteihn

15

piętnaście

föffteihn

16

szesnaście

sössteihn

17

siedemnaście

söventeihn

18

osiemnaście

achtteihn

19

dziewiętnaście

negenteihn

20

dwadzieścia

twintig

100

sto

hunnert

1.000

tysiąc

dusend

1.000.000

milion

million

Angielski

Engelsch

Angielski amerykański

Amerikaansch Engelsch

Chiński mandaryński

Chineesch Mandarin

Hindi

Hindi

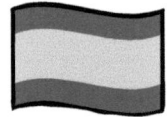

Hiszpański

Spaansch

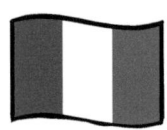

Francuski

Franzöösch

Arabski

Araabsch

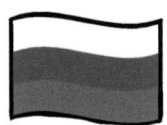

Rosyjski

Rusch

Portugalski

Portugiesch

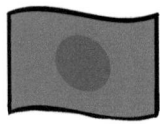

Bengalski

Bengaalsch

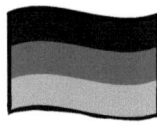

Niemiecki

Düütsch

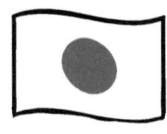

Japoński

Japaansch

ja

ik

ty

du

on / ona / ono

he / se / dat

my

wi

wy

ji

oni

se

kto?

keen?

co?

wat?

jak?

woans?

gdzie?

woneem?

kiedy?

wannehr?

Nazwisko

Naam

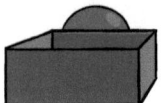

za
....
achter

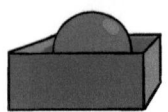

w
....
in

przed
....
vör·

powyżej
....
över

na
....
op

pod
....
ünner

obok
....
blangen

między
....
twüschen

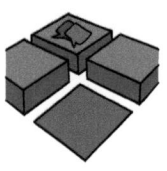

Miejsce
....
Oort